loqueleo

¿ALGUNA PREGUNTA?
Título original: *Any Questions?*

D.R. © del texto y las ilustraciones : Marie-Louise Gay, 2014
Publicado en inglés en Canadá y Estados Unidos por Groundwood
Books, Canadá.
www.groundwoodbooks.com
D.R. © de la traducción: Roxanna Erdman, 2015

D.R. © Editorial Santillana, S.A. de C.V., 2015
        Av. Río Mixcoac 274, piso 4
        Col. Acacias, México, D.F., 03240

Primera edición: octubre de 2015

ISBN: 978-607-01-2807-3

Impreso en México

www.loqueleo.santillana.com

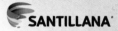 SANTILLANA®

Esta obra se terminó de imprimir en julio de 2016,
en los talleres de Editorial Impresora Apolo, S.A. de C.V.
Centeno 150-6, Col. Granjas Esmeralda,
C.P. 09810, México, D.F.

*A todos los niños
que preguntan
interminablemente,
y a sus padres, maestros
y bibliotecarios
que procuran responderles.*

# ¿ALGUNA PREGUNTA?

## MARIE-LOUISE GAY

A veces sueño despierta con la época en que era niña. Era muy curiosa. Siempre tenía un millón de preguntas acerca de todo.

*¿Los árboles hablan?*
*¿De dónde viene la lluvia?*
*¿Por qué los gatos tienen bigotes?*
*Cuando crezca, ¿puedo ser perro?*
La lista era interminable.

¡LIND
CLIM

Cuando me encuentro con niños en escuelas
o en bibliotecas, veo que nada ha cambiado.
Los niños siguen siendo tan curiosos como
siempre.
Todo el tiempo me hacen preguntas…,
¡montones y montones de preguntas!
¿Y por qué no? Si no haces preguntas,
¿cómo rayos vas a obtener respuestas?

Mmmm, vamos a ver… No tengo un hámster
ni un conejo,
pero tengo un pececito dorado.
Mi color favorito es el morado.
Y es triste, pero mi gato no vuela.
¿Dónde comienza una historia?
Ésa es una buena pregunta.
Una historia siempre comienza
en una página en blanco,
como ésta...  ⟶
Si te quedas viendo
una página en blanco bastante tiempo,
todo puede suceder…

Por ejemplo, una página en blanco puede convertirse en...
una tormenta de nieve.

Pero, ¿qué pasaría si mi historia comenzara
en una hoja de papel amarillenta?
¿Sería diferente?

¿Qué pasaría si mi papel fuera azul como el mar?

¿O quizá de un tono gris liláceo tormentoso?

¿O verde selva?

¡O incluso negro como la noche!

No siempre. A veces una historia comienza con palabras o ideas que llegan flotando de quién sabe dónde. Algunas palabras se capturan y se ponen por escrito…

mientras que otras se desechan o se guardan
cuidadosamente en un cajón para usarlas en el futuro.
Hasta que, despacio, muy despacio, surge una historia.

Había una vez, hace un millón de años, o quizá tan sólo ayer, en un bosque oscuro, verde y cubierto de musgo...

Entonces, de repente pequeños dibujos y
garabatos aparecen aquí y allá, en medio
y alrededor de las palabras. Manchas
de color salpican silenciosamente la página
y se convierten en formas, personajes e ideas.

Había una vez, hace un millón de años, o quizá tan solo ayer, en un bosque oscuro, verde y cubierto de musgo, donde el sol rara vez brillaba y donde los árboles eran tan viejos que apenas si podían caminar, ya no digamos bailar, vivía un...

vivía un... un... un...

¿AHÍ VIVÍA UN...?

¿AHÍ VIVÍA UN...?

¿AHÍ VIVÍA UN...?

Aunque no lo creas, hay ocasiones en que no tengo
ninguna idea. Mi mente está en blanco.

O peor: se me ocurre una idea que no cabe
en la historia. Como ésta…

Así que tengo que usar mi imaginación. Probar ideas nuevas.
Vamos a ver… Qué tal…

¿Un gran lobo malo?

¿Y tres cochinitos?

¿Un conejo cantor?

¿Un caracol feroz?

¿Una princesa perdida?

¿Un poderoso mago?

Pero algunas veces eso tampoco funciona. Así que regreso a mi escritorio, comienzo a dibujar estrellas y espirales, caracoles, conejos o unas cuantas catarinitas…

Dibujo y pinto. Corto y pego.
Dejo que mi mente vague…

Sacudo mis ideas y las volteo al revés y las miro volar
por la ventana como una parvada de pájaros. De repente, ya sé
quién vive en el bosque… Un gigante, un joven gigante tímido
con nidos de pájaros en su cabello.
Esta historia comienza aquí…

# EL JOVEN GIGANTE o TÍMIDO

Había una vez, hace un millón de años, o quizá tan sólo ayer, en un bosque oscuro, verde y cubierto de musgo, donde el sol rara vez brillaba y donde los árboles eran tan viejos que apenas si podían caminar, ya no digamos bailar, vivía un joven gigante. Era el guardián del bosque. Su trabajo consistía en protegerlo. Su padre se había encargado de ello, y lo mismo su abuela antes que él.

¡CORRE, BOSQUE, CORRE!

4

5

El joven gigante regaba el bosque cuando los árboles tenían sed
y apagaba cualquier incendio causado por los rayos o las luciérnagas.
Plantaba hongos y flores entre los dedos de los pies de los árboles,
lo cual los hacía reír. Los árboles son muy cosquilludos, como
bien sabes.

6

El gigante les leía cuentos a los árboles
para ayudarles a crecer. A algunos
árboles les gustaban los poemas,
mientras que otros amaban las historias
de aventuras. Por supuesto, los esbeltos
abedules preferían las historias de amor.
Así que era un joven gigante muy ocupado.
También era un joven gigante muy tímido.
Era tan tímido que no podía ahuyentar a
los pájaros que anidaban en su cabello.
Era tan tímido que se escondía si
escuchaba que alguien se acercaba.
Y eso no es nada fácil si eres
un gigante...

Un frío y gris día de otoño, cuando los árboles habían empezado a perder sus hojas, dejando al descubierto sus secretos mejor guardados —nidos de pájaros ocultos, cometas perdidas y los sueños de aquellos que habían dormido a la sombra de su fronda de verano—, el gigante escuchó algo. Unos pasos que retumbaban en el suelo. Hojas que se agitaban. Retazos de una canción. Ramas rompiéndose.

¡Un grrruñido! Alguien o algo venía hacia él. El joven gigante tímido se escondió detrás de una enorme roca. Contuvo la respiración. No se movió ni un centímetro y no agitó ni una pestaña. Deseó desesperadamente que aquel o aquello que venía hacia él no lo viera. La intensidad de los sonidos creció y creció . Y de repente...

¡GR-R-R!

¡PUM!

Y de repente… Y de repente…, ¡es tu turno!
¿Tú qué crees que sucede a continuación?

¡GR-R-R-R!

¡CLAC!

Y de repente...
¡Salió de entre los arbustos!
¡Era una enorme, horrible, ~~gigantesca~~,
~~fea~~, peluda y picuda ve~~s~~t~~í~~a
bestia! ¡Era morada! Tenía
dientes~~x~~ de tiburón, garras de ~~soso~~
oso y una larga cola verde viscosa
llena de picos. La bestia era ~~estepuz~~
espletuz
terrorífica
¡y estaba
muuuuy
hambrienta!
¡O muuuuy
enojada!
O las dos
cosas

¡OH-OH!

Entonces, la abominable, desdichada y ferocísima bestia atravesó el bosque rechinando los dientes, mordiendo árboles y arbustos, devorando hongos y moras, flores y manzanas podridas. La bestia persiguió a los pájaros y a las mariposas, a los conejos y a los zorros, y engulló todos los sueños que habían quedado...

¡AUXILIO!

La horrible, espantosa y desagradable
bestia morada se tragó el río,
las ranas y los peces.
Apachurró los caracoles y las catarinas.
La bestia se hubiera
tragado las estrellas,
la luna y los planetas, pero estaba
demasiado gorda como para saltar
y alcanzarlos.
¡La bestia gruñó y rugió!
¡¡La bestia chilló y aulló!!

Sus ideas son brillantes
y su bestia es magnífica…
Es decir, ¡su bestia es absolutamente
horrible! ¿Quieren ver qué pasa
cuando el gigante se encuentra
con la bestia?

¡SÍ!

GR-R-R-R-R

La bestia causó tal caos y confusión que el gigante ya no pudo permanecer escondido. No podía seguir comportándose con timidez. Tenía que hacer algo.

Primero, susurró: ¡Alto!

Luego gritó: ¡Alto!

Después rugió: ¡¡AAALTOO!!
La horrible bestia morada se quedó inmóvil.
Alzó la vista hacia el gigante.
El gigante se sonrojó. Nunca antes había rugido.

—¿Quién eres? —preguntó el gigante.

—Soy la bestia —murmuró la bestia—. Una horrible y espantosa bestia.

—¿Tienes nombre? —preguntó el gigante.

Las mejillas de la bestia se pusieron coloradas.

—Pelusa —masculló la bestia.

—Muy bien, Pelusa, ¿y por qué estás devorando mi bosque? ¿Tienes hambre?

¿QUIÉN ERES?

SOY LA BESTIA

—No —murmuró la bestia—. Me sentía sola; estaba enojada     y... triste.
—Es difícil hacer amigos cuando eres una bestia feroz
—dijo el gigante—. ¿Te gustaría que te leyera un cuento?
Los ojos de la bestia se abrieron de asombro. Su corazón latía muy rápido.
—Sí —susurró. En toda su vida bestial nunca nadie
le había leído un cuento.

El joven gigante tímido sacó un libro de su bolsillo y comenzó a leer con su suave voz retumbante. En silencio, los árboles se agruparon alrededor de la bestia y el gigante. Los niños salieron de detrás de los árboles, al igual que los pájaros,

los conejos, los caracoles y otras criaturas del bosque.
—Había una vez —leyó el gigante—, hace un millón de años,
o quizá tan sólo ayer, en un bosque oscuro, verde y cubierto
de musgo, donde el sol rara vez brillaba y donde los árboles...

La historia resonó en todo el bosque. Palabras de diferentes formas y tamaños, creaciones de la imaginación e ideas brillantes avanzaron entre las ramas de los árboles y flotaron hasta el cielo.

Los búhos ulularon quedito. Los árboles crujieron. La bestia suspiró. Todos escucharon con los oídos y el corazón bien abiertos. La luna surgió mientras el gigantes concluyó con un susurro:

—Fin.

EL FIN / PRINCIPIO

### ¿De dónde sacas tus ideas?

Algunas ideas provienen de mi imaginación o mis ensoñaciones. Otras se inspiran en mis recuerdos de infancia. Algunas ideas se me acercan sigilosamente cuando menos me lo espero: cuando viajo o me reúno con niños en las escuelas, o de casualidad cuando miro por la ventana.

### ¿Cuántos libros haces en un día?

Me toma al menos un año escribir e ilustrar un libro, a veces más. Tengo suerte si logro escribir un buen párrafo en un día.

### ¿Pones un gato en cada libro?

Probablemente he dibujado al menos 3,409 gatos en mi vida, así que debe haber uno en casi todos los libros. Creo que tendrás que revisar.

### ¿Cómo aprendiste a dibujar?

Comencé a hacer garabatos en los márgenes de mis libros de la escuela cuando tenía unos dieciséis años. Mis garabatos se volvieron dibujos cuando asistí a la escuela de artes, donde aprendí a pintar y dibujar manos y caras, coches y nubes, sombras y rayos de sol, elefantes y caracoles… Desde entonces dibujo todos los días. Mientras más dibujas, al tiempo que observas atentamente el mundo que te rodea, más aprendes.

### ¿Cuántos libros has escrito?

He ilustrado y escrito unos setenta libros.

### ¿Cuál es tu libro favorito?

Eso es como preguntarle a una mamá cuál es su hijo preferido… ¿Estela o Samuel? ¿Caramba? ¿Roslyn Rutabaga? ¿Charlie o su hermanito, Max? Simplemente no puedo escoger uno. ¿Tú sí?

### ¿Dibujas con lápiz?

Dibujo los bocetos con un lápiz o una pluma. Luego pinto con acuarelas o tintas, acrílicos o *gouache.* También uso pasteles y lápices de color. En algunos libros agrego *collage,* hecho con papel japonés artesanal, trocitos de periódico o recortes de partituras.

### ¿Puedes dibujar un caballo?

No; incluso después de todos los años que tengo dibujando, mis caballos parecen perros grandes con las patas torcidas.
¿Tú eres bueno dibujando caballos?